NOTICE

DE TABLEAUX

ET DESSINS AU LAVIS,

PEINTS PAR BONINGTON,

ET QUELQUES TABLEAUX ITALIENS ET FLAMANDS,

Collection formée par M. W.

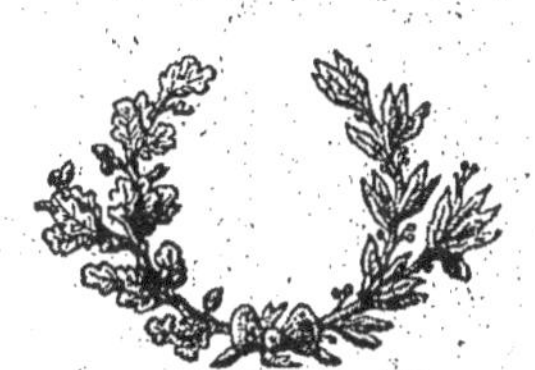

Paris.

IMPRIMERIE DE DEZAUCHE

FAUB. MONTMARTRE, N° 11.

1837

NOTICE

DE TABLEAUX

ET DESSINS AU LAVIS,

PEINTS PAR BONINGTON,

ET QUELQUES TABLEAUX ITALIENS ET FLAMANDS,

Collection formée par M. W.

La Vente aura lieu les Mardi 23 et Mercredi 24 Mai 1837, heure de midi;

GRANDE SALLE N° 1,

HOTEL PLACE DE LA BOURSE.

EXPOSITION PUBLIQUE

Les Dimanche 21 et Lundi 22, de midi à cinq heures.

EXPOSITION PARTICULIÈRE

Le Samedi 20, depuis onze heures jusqu'à cinq.

Le Catalogue se distribue :

A PARIS,

Chez MM.
{ Bonnefons Delavialle et Tournaire, commissaires-priseurs, rue de Choiseul, n. 11;
Charles Paillet, commissaire-expert honoraire du Musée royal, rue Grange-Batelière, n. 24.

A LONDRES. — Chez M. Colnaghi.

1837.

AVIS.

Il sera payé cinq pour cent par l'acquéreur en sus de l'adjudication et applicables aux frais.

Il ne sera ajouté aucun tableau étranger à la collection de M. W.

PARIS.—IMPRIMERIE DE DEZAUCHE,
FAUBOURG MONTMARTRE, 11.

M. W. AU PUBLIC.

Il serait superflu de faire les éloges des tableaux de Bonington, leur plus grand éloge est
de se taire, et de les faire voir. Ainsi nous lui
rendons cordialement ce juste hommage. Quel
génie! D'où a-t-il tiré sa première impulsion?
d'où a-t-il reçu les premiers accueils bien-
veillants d'encouragement? Il a respiré votre
air, il a joui de votre protection. Quelle
perte! Mais il vit encore dans vos affections et
il ne périra jamais de vos annales. Vous voyez
devant vous les plus beaux restes de lui. Vous
voyez devant vous tout ce qu'il faut pour ins-
pirer le bon goût et pour jeter des lumières
approfondissantes sur la peinture. Voulez-vous
devenir promptement et effectivement connais-
seur éclairé et distingué? entourez-vous de ses
ouvrages. Voulez-vous vous défaire des préjugés
dispendieux et égarants? voyez devant vous
les moyens. Voulez-vous vous vanter de la pos-

session des productions les plus remarquables
d'un homme à qui la nature avait prêté sa pa-
lette? Voulez-vous cette même nature fraîche
et étincellante, séduisant vos regards, ensorce-
lant votre âme, répandant dans la terne solitude
de votre boudoir un jour qui chasse les ténè-
bres, un soleil qui ne se couche jamais; en peu
de mots, voulez-vous de votre tranquille fauteuil
contempler à la fois la riante Italie et la belle
France? Saisissez l'unique occasion. Il a fait des
esquisses légères, ce qu'on appelle des riens;
il n'y a rien d'inconséquent qui vient de lui.
Savez-vous que celles-là vous trahissent le grand
secret de la peinture; demandez cela d'aucun
artiste, et plus il aura de mérite et de talent,
plus il se glorifiera de Bonington.

Ce serait également une insulte à vous et à
lui de les soumettre en vente avec aucun prix
de protection. Vous les avez recherchés pendant
son vivant, et vous ne les abandonnerez pas
après sa mort si tristement prématurée; c'est
une partie de la religion de l'art de s'emparer de
ses précieuses reliques.

Celui qui s'en prive maintenant, s'est plusieurs fois défait des plus beaux tableaux flamands et italiens ; il n'a jamais senti un regret ; mais il se tenait à ceux-ci comme ses lares ou dieux domestiques ; il va bientôt voyager en Italie , et probablement y demeurer, il ne lui serait pas commode de les apporter avec lui ; en se séparant d'eux, il ne lui reste que cette consolation qu'il verra Bonington partout.

Notice
DE TABLEAUX

ET DESSINS AU LAVIS,

Peints par **BONINGTON**.

DÉSIGNATION

DES OUVRAGES DE BONINGTON.

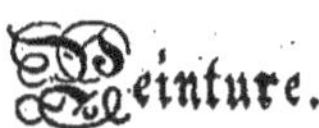

Peinture.

1. — La vue du grand canal de Venise.

2. — Le marché aux poissons, sur le rivage et près d'une ville des côtes de la Normandie, effet du matin.

3. — Le port de Saint-Valéry en Somme : plusieurs bateaux de pêcheurs sont sur le rivage.

4. — Plage de la côte de Dieppe. Des femmes pêcheurs, près de leur poisson, s'entretiennent avec un paysan qui conduit un cheval de travail.

5. — Plage à la marée basse, et navires en mer ; effet de soleil couchant.

6. — François Ier et la belle Marguerite de Navarre ; intérieur.

7. — Barques sur le canal de Calais; effet du matin.

8. — Rivage de la Normandie. Une femme et deux enfants entourés de poissons attendent, sur une jetée, la marée basse.

9. — Vue de la ville de Venise, prise du bassin du grand canal.

10. — Plage d'une côte de Normandie; effet de soleil couchant.

11. — Route de traverse dans une plaine des environs de Calais.

12. — Bateau de curage sur une branche de la Seine-Inférieure, côté de Rouen.

13. — Henri IV, observant à une fenêtre.

14. — Paysage. Chariot chargé de bois de charonnage et tournant la lisière d'un bois.

15. — Intérieur de chapelle d'une église de Milan.

16. — Le pont de Rialto.

17. — Navires sur la Tamise; effet du matin.

18. — Vue d'une des rues de la ville de Louvain.

19. — Navires entrant dans le port de Honfleur par un temps calme.

20. — La vue du pont de Rialto et des maisons qui bordent le canal.

21. — Une des places publiques de la ville de Rouen.

22. — Un vue du canal de Venise ; effet de soleil.

23. — Marche d'un chariot couvert, par un temps orageux.

24. — Vue de mer très agitée.

25. — Petite vue de la Méditerranée près des côtes de Nice.

26. — Petite place Saint-Marc prise du palais des doges.

27. — Grec, jeune, debout et vu de face.

28. — Autre figure de Grec vu de profil et dans un riche costume.

29. — Petite vue du lac Majeur.

30. — Chemin entre deux montagnes.

31. — Route conduisant à un massif d'arbres.

32. — Ville de France sur les bords de la mer.

33. — Petite plage à marée basse.

34. — Rivage et dune sablonneuse.

35. — Paysage ; mare d'eau sur le devant et chariot tournant un massif d'arbres.

36. — Deux médaillons peints à l'huile : paysage et marine ; effet de soleil.

37. — Etude de paysage ; effet de soleil couchant.

38. — Autre petit paysage ; vues de montagnes.

39. — Echappée de mer près des dunes ; étude.

40. — Petite vue de Venise, terminée.

41. — Vue de Paris, tableau non terminé.

42. — Vue de mer et indication de ville.

43. — Canal de Venise, ébauche.

44. — Paysage, sol marécageux.

45. — Autre paysage, vallée entre des montagnes; effet de soleil.

46. — Maisonnette abritée ; effet de jour.

47. — Vue de la ville de Rouen, ébauche.

48. — Petite vue de mer avec indication de ville.

49. — Vue de paysage, chaîne de montagnes.

50. — Etude de navires marchands.

51. — Place Saint-Marc, grand tableau non terminé.

52. — Portrait de la vieille gouvernante de Bonington.

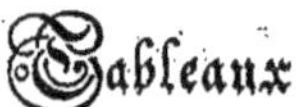

Tableaux

PAR DIFFÉRENTS PEINTRES MODERNES.

M. VERBOEKHOVEN.

53. — Deux moutons dans une prairie, et abrités contre un tertre. Très-petit , mais fort précieux échantillon du peintre habile de la Belgique.

DUPRÉ (Jules).

54. — Intérieur d'une cuisine rustique, pochade librement touchée.

GOOD.

55. — Portrait d'un vieillard anglais.

PEINTRE ANGLAIS.

56. — Deux chevaux dans un intérieur d'écurie,
ébauche avancée.

57. —

PRIEST (Peintre anglais).

58. — Vue de mer par un temps orageux.

Z. CRESWICK.

59. — Petit paysage, orné de figures sur une route.

GERICAULT.

60. — Etude de portrait de jeune garçon.

SARAZIN.

61. — Paysage à effet de Ruisdael.

LÉPICIER.

62. — Jeune fille peinte dans la manière de
Greuze.

M. SAINT-EVRE.

63. — Femme prisonnière.

LANCE.

64. — Melons, ananas et raisins sur une natte de
jonc.

CORBOULD.

65. — La visite; grisaille.

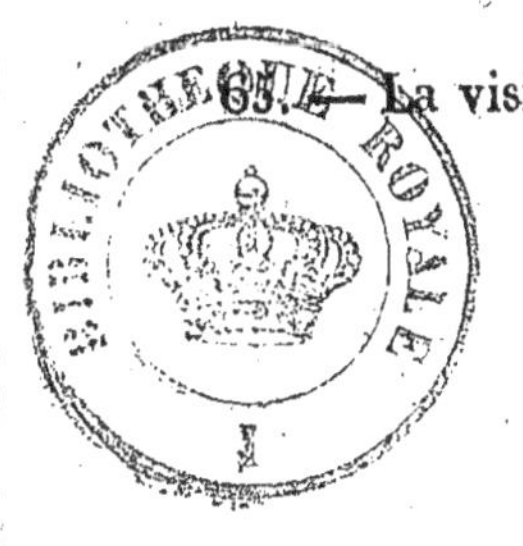

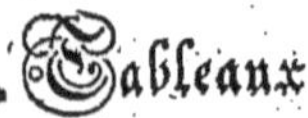 Tableaux

PAR DIFFÉRENTS PEINTRES ANCIENS.

WYNANTS (Jean).

66. — Petit paysage, terrain sablonneux bordé par une rivière.

VANDERMEULEN.

67. — Choc de cavalerie, petite esquisse.

STENWICK.

68. — Intérieur d'un temple, figures ajoutées par F. Franck.

FERG (Paul).

69. — Petit paysage orné de figures.

VANDEVELD (Adrien).

70. — Marche d'un troupeau de bestiaux qui conduit à une porte de ville ; étude libre, mais assez avancée pour juger toute la délicatesse de pinceau du maître.

MARATTE (Carle) et FIORI (Maria di).

71. — Amours ailés supportant une guirlande de fleurs.

RICCI (Séb.).

72. — Femme nue, étendue sur un lit de repos.

LE MÊME.

73. — Nymphe surprise par un satyre, peinture à la gouache.

LE MÊME.

74. — Deux anges voltigeant dans l'air.

GUARDI.

75. — La vue perspective de la place et de l'église Saint-Marc.

FIGINO (École milanaise).

76. — Christ en croix sur fond de ciel indiquant la nuit.

REYNOLDS.

77. — Portrait en buste d'une jeune fille.

SALVATOR ROSA.

78. — Paysage, site pittoresque de la Calabre, mêlé de montagnes, nappes d'eau et figures de guerriers.

ORISONTI.

79. — Deux paysages de style arcadique, ornés de monuments d'architecture et figures de bergers.

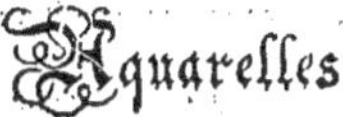

Aquarelles

PAR BONINGTON.

80. — Vue d'une partie de la ville de Rouen, dessin rehaussé de blanc.

LE MÊME.

81. — Vue d'une campagne et des montagnes de la Suisse.

82. — Vue de Venise, aquarelle non terminée.

83. — Composition dans le style de Paul Véronèse, dessin aux trois crayons et non terminé.

84. — Etude de haut de maison.

85. — La visite des cardinaux.

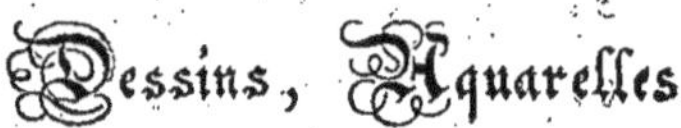

Dessins, Aquarelles

PAR DIVERS ARTISTES.

—

DEBOISSIEU.

86. — Le dessinateur et le curieux.

F. BOUCHER.

87. — Deux amours entraînés par une colombe.

M. FRANQUELIN.

88. — La lecture pendant la convalescence.

M. DAUZAT.

89. — Soldat maure armé d'une lance.

M. DECAMP.

90. — Chiens de race dite *bassets*.

M. CHARLET.

91. — Soldat fantassin ayant perdu l'aplomb.

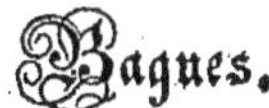

Bagues.

---

92. — Victoire conduisant un quadrige, pierre gravée antique, travail grec.

93. — Tête de Jupiter, silex à deux couches.

94. — Sacrifice, onyx à deux couches, beau travail.

95. — Allégorie à la Mort, onyx.

96. — Une montre anglaise.

FIN.

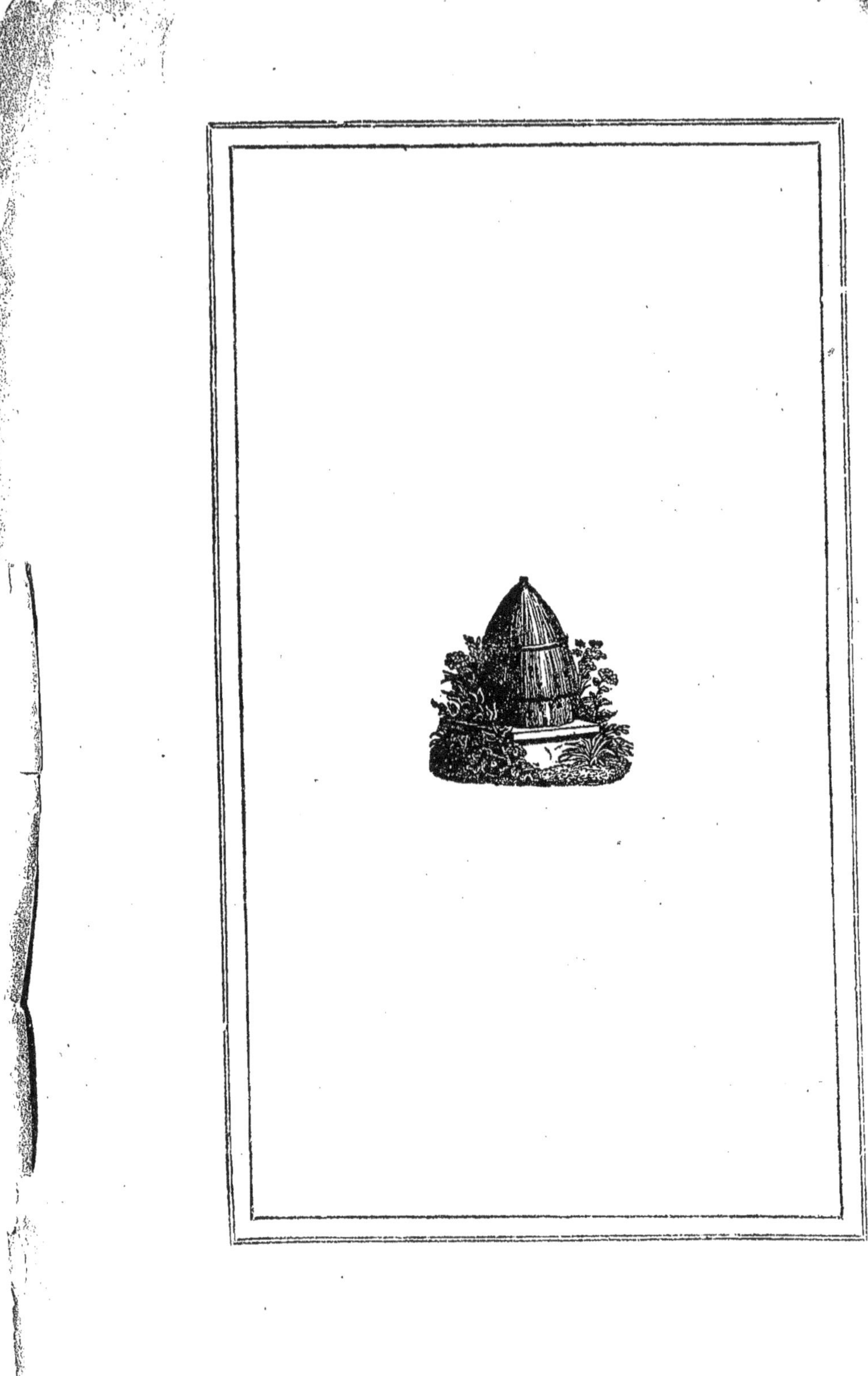